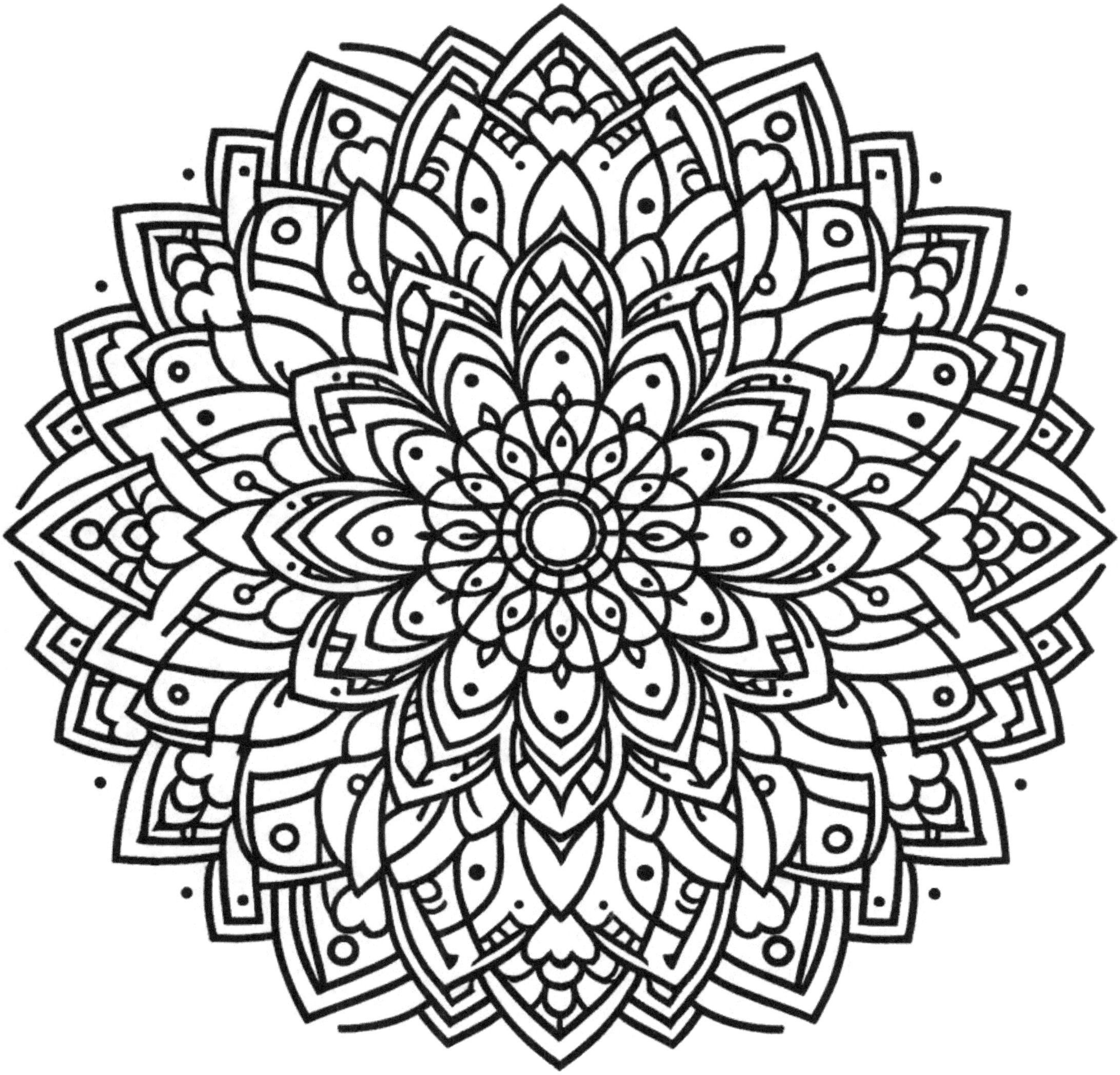

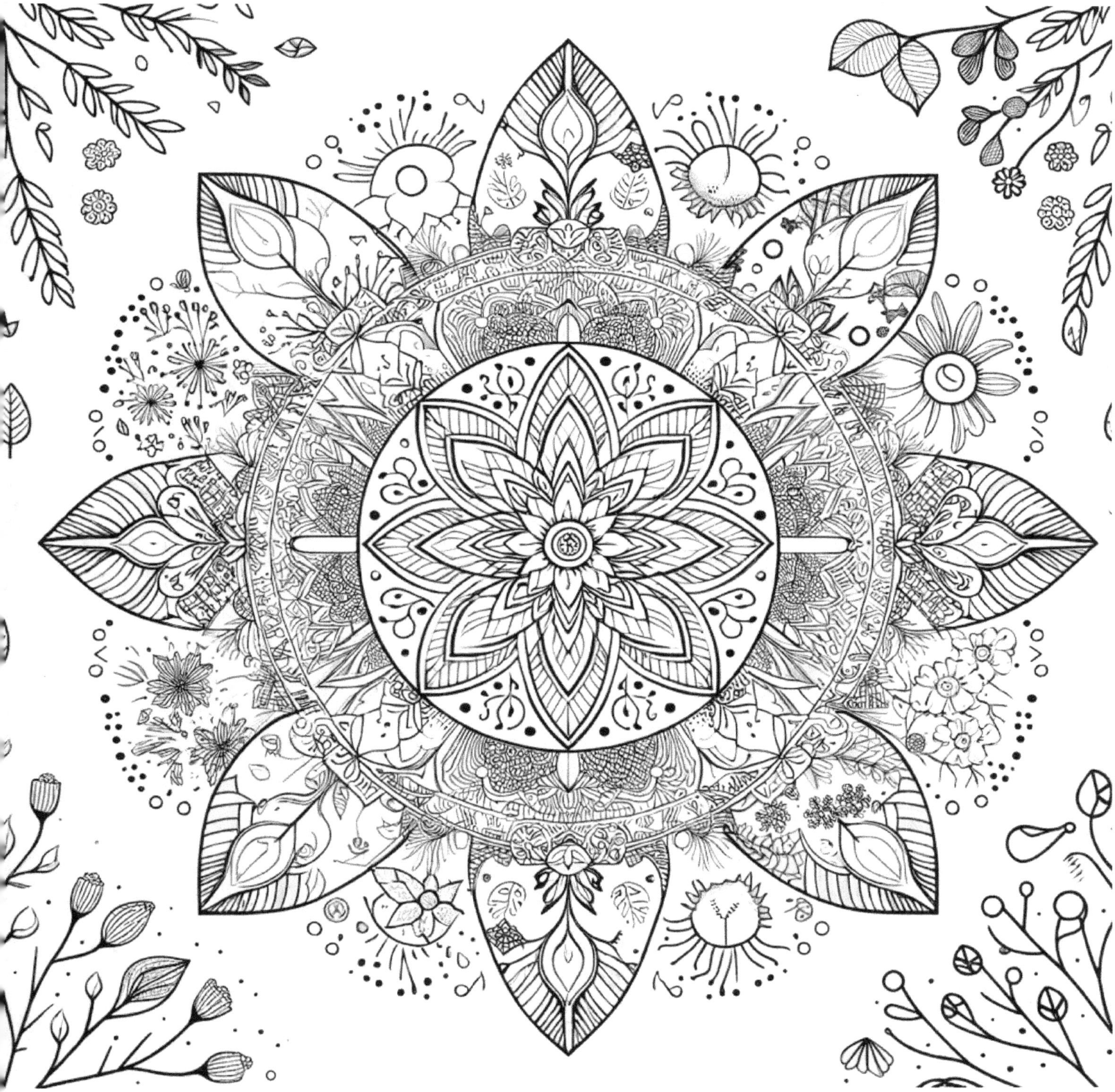

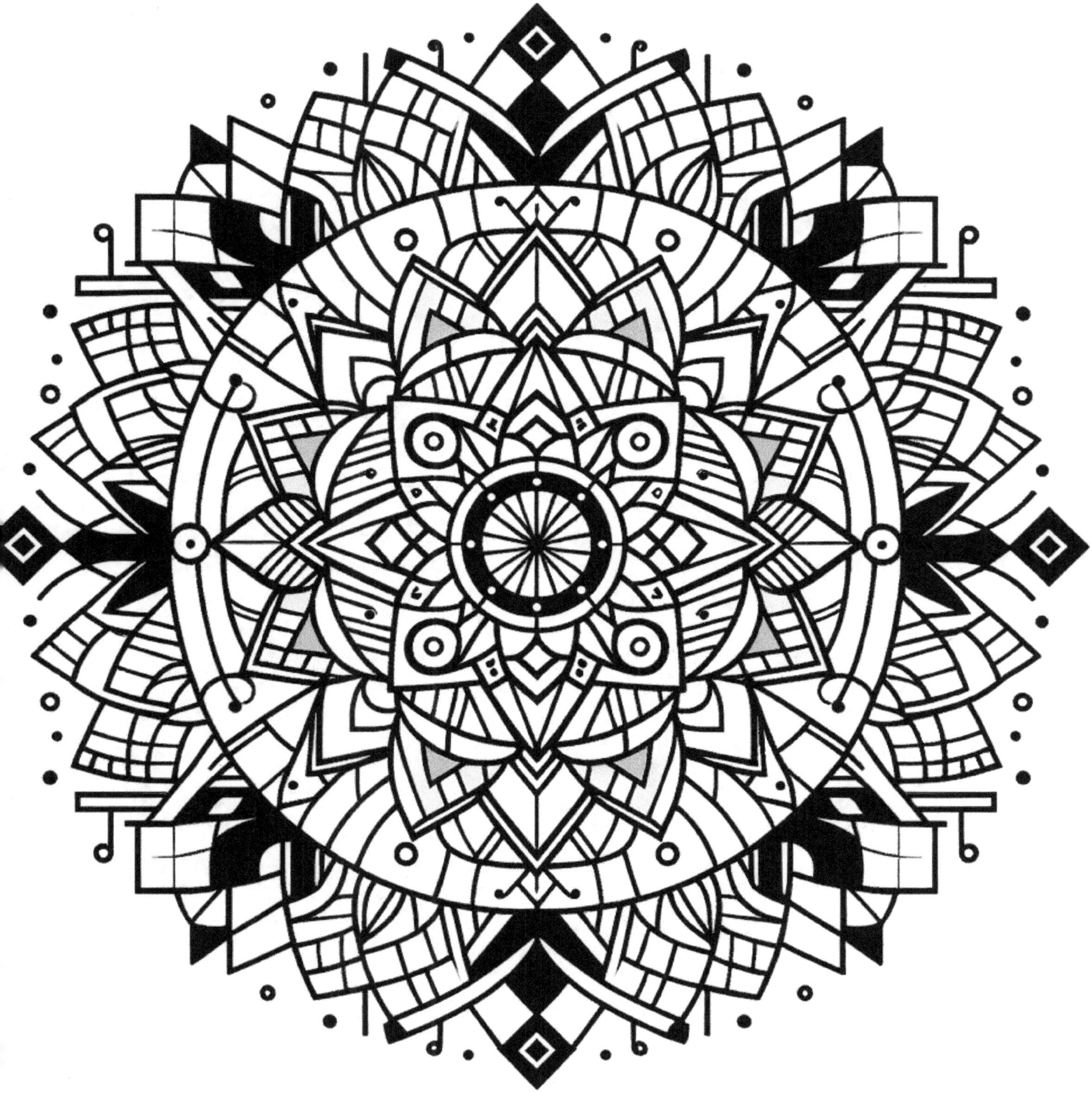

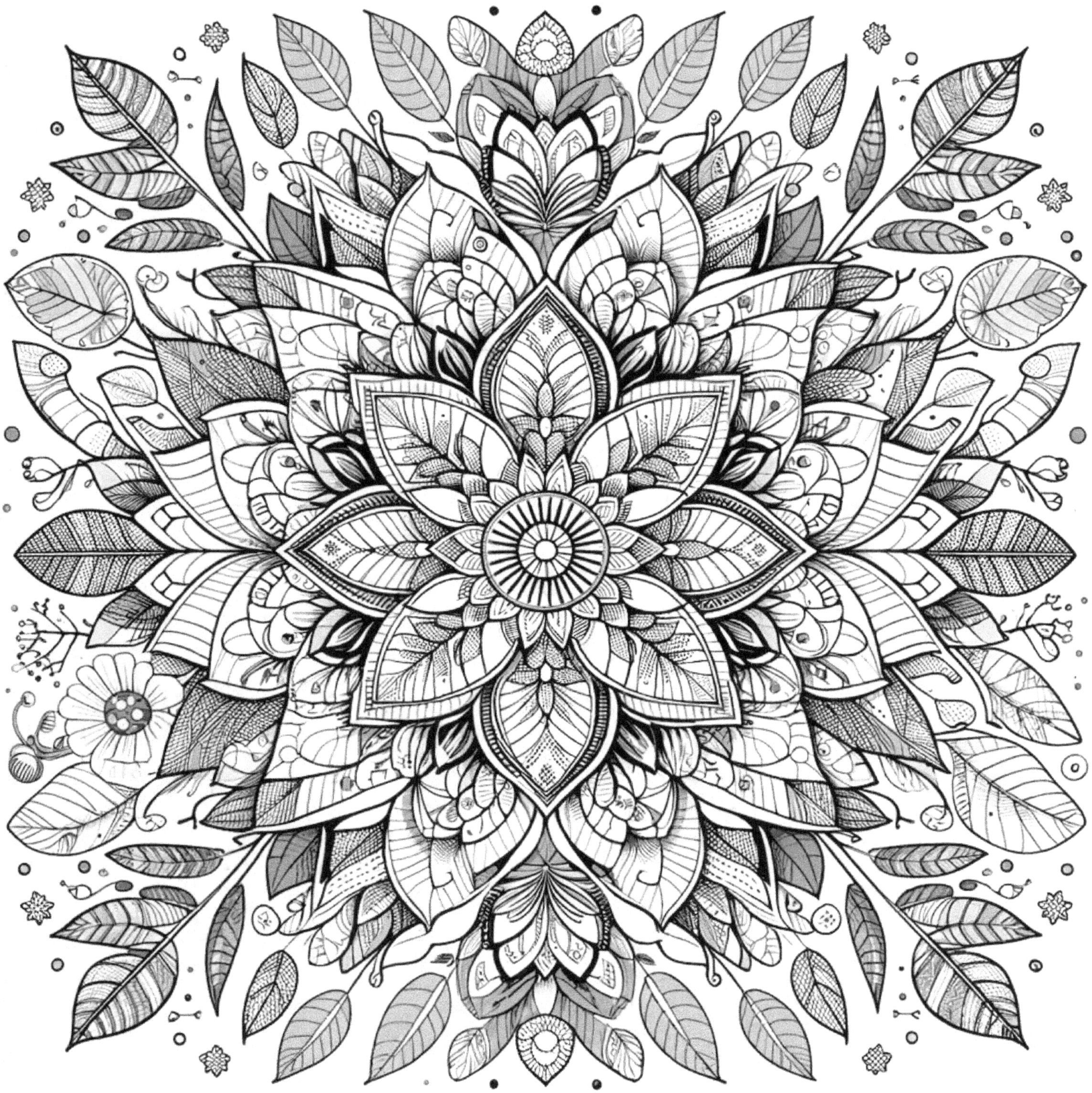

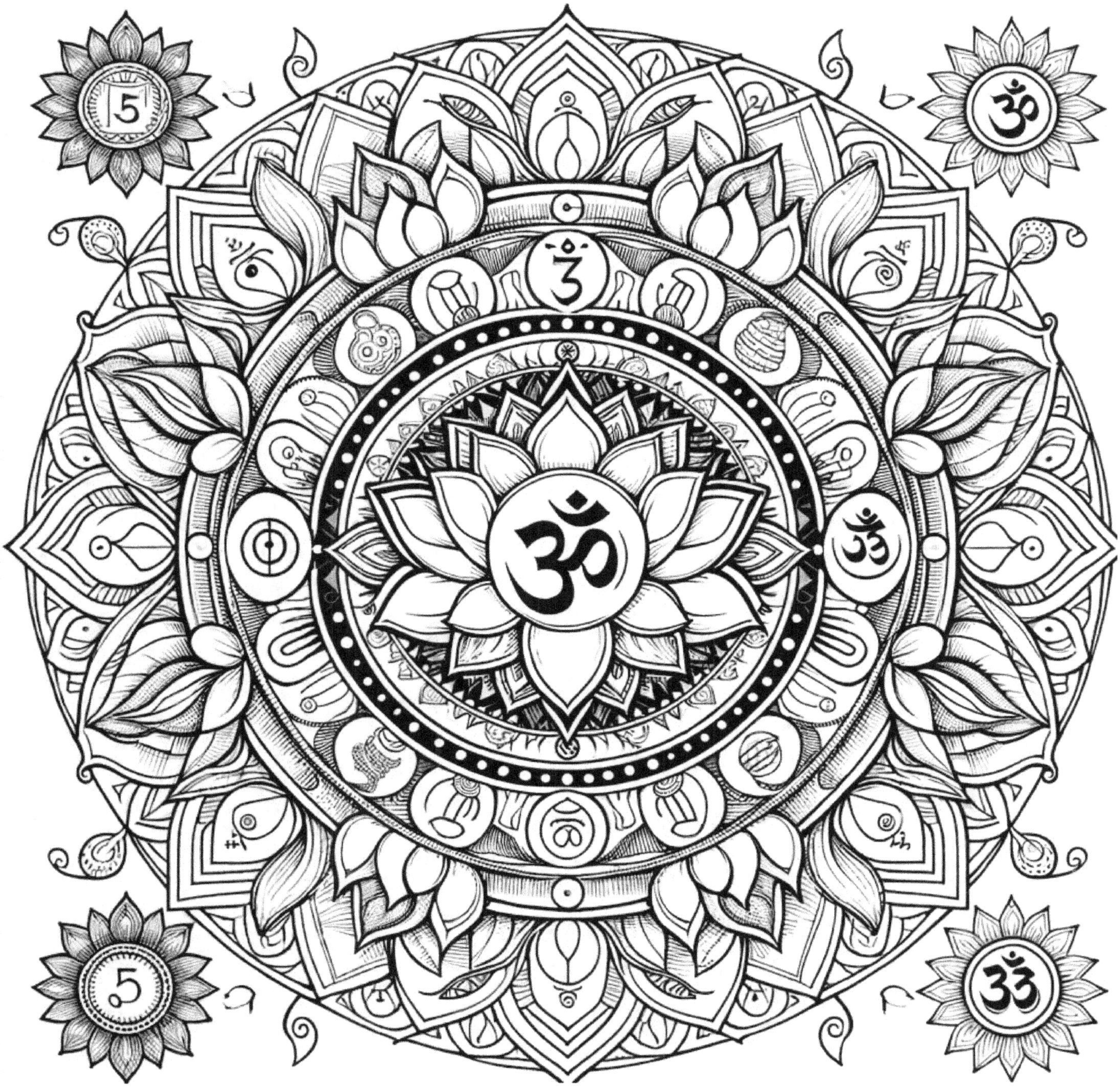

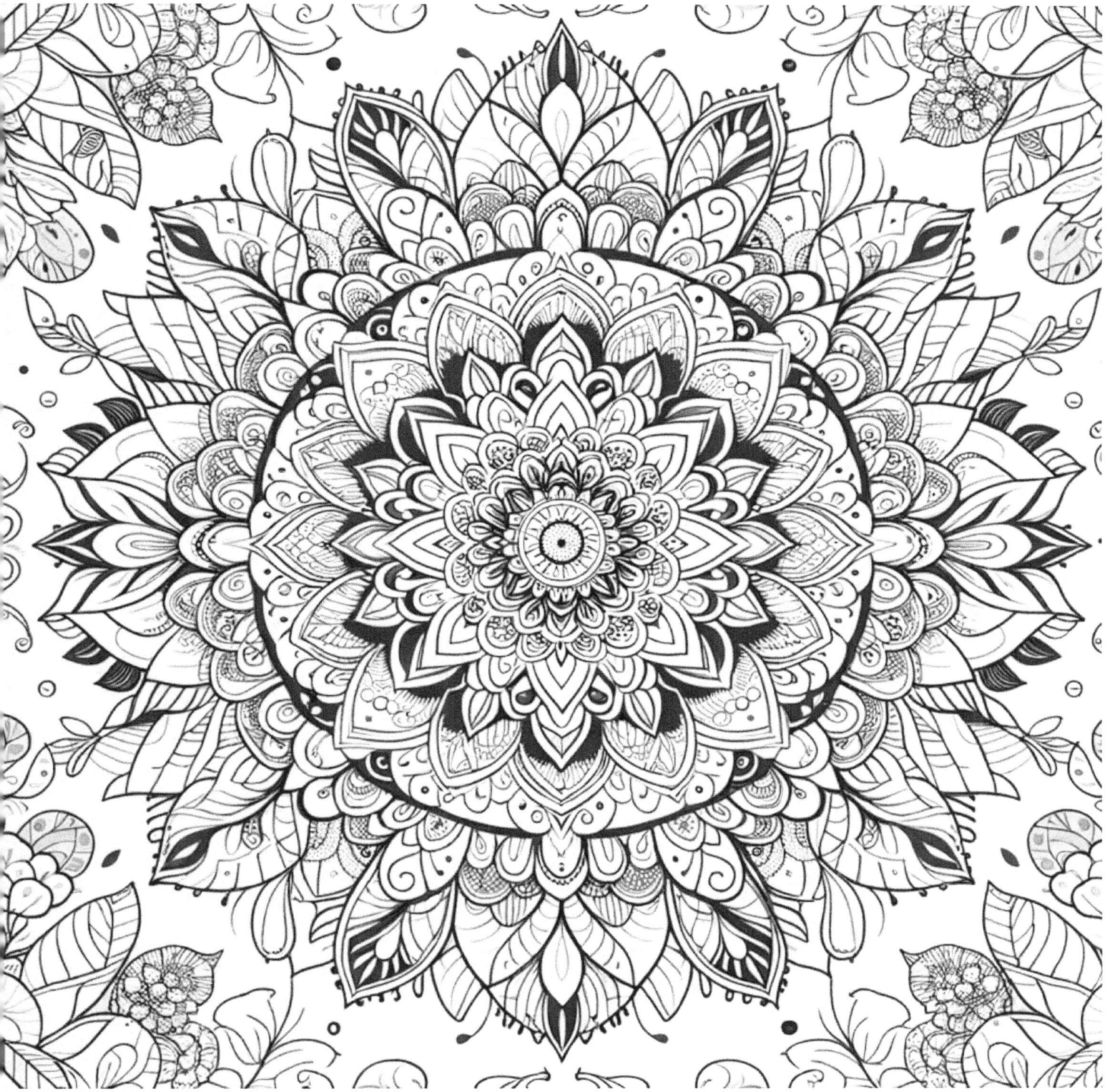

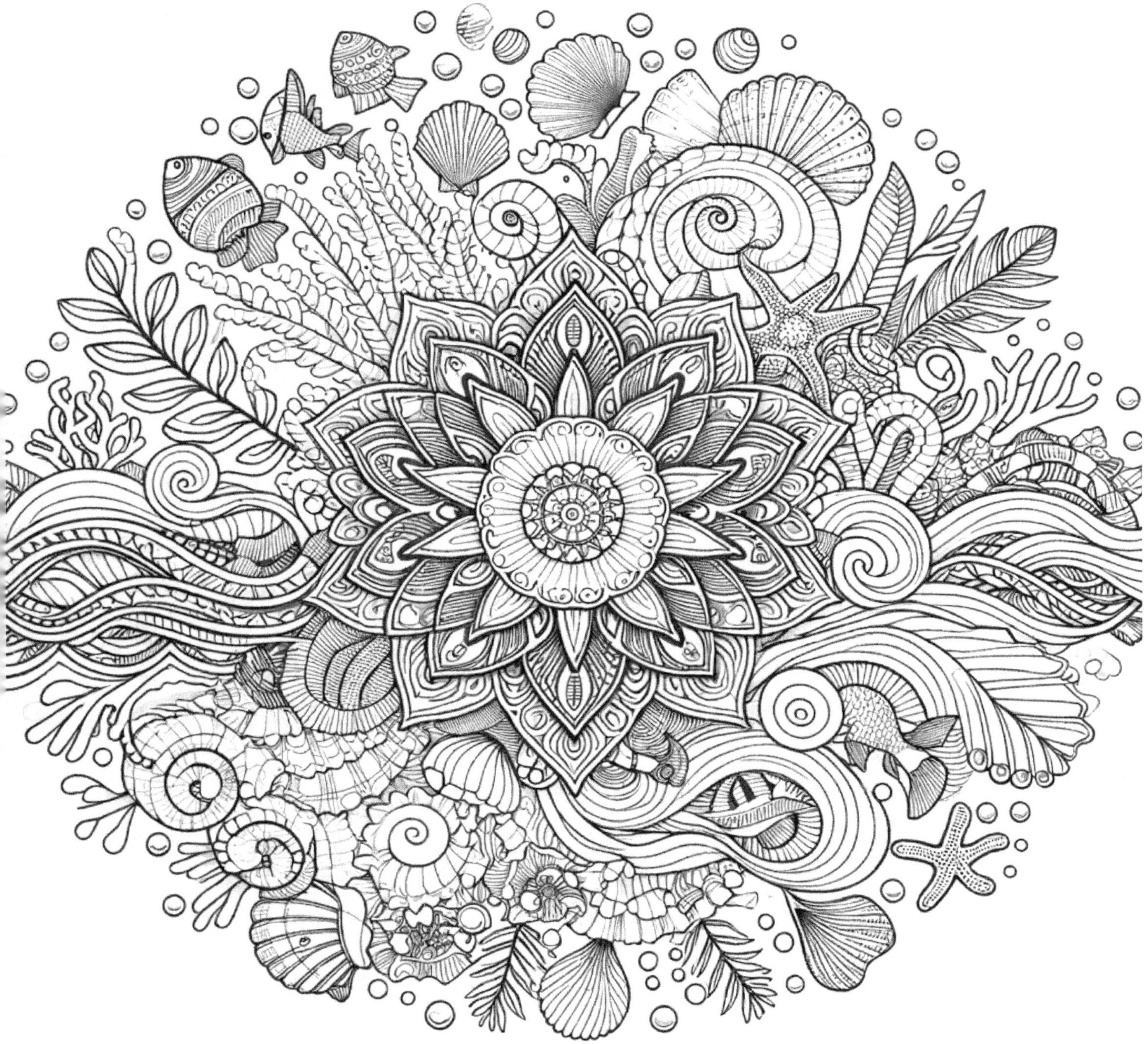

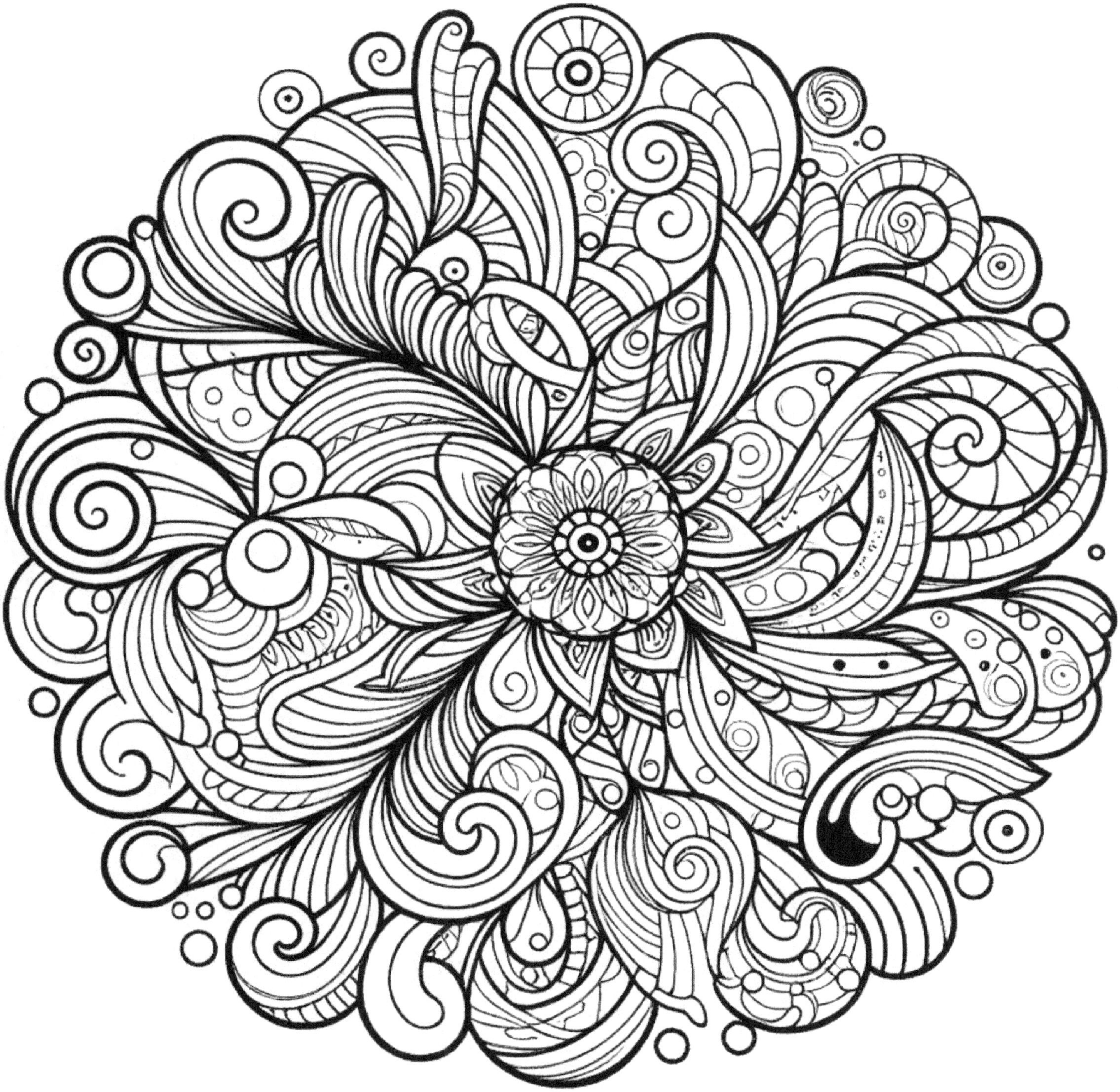

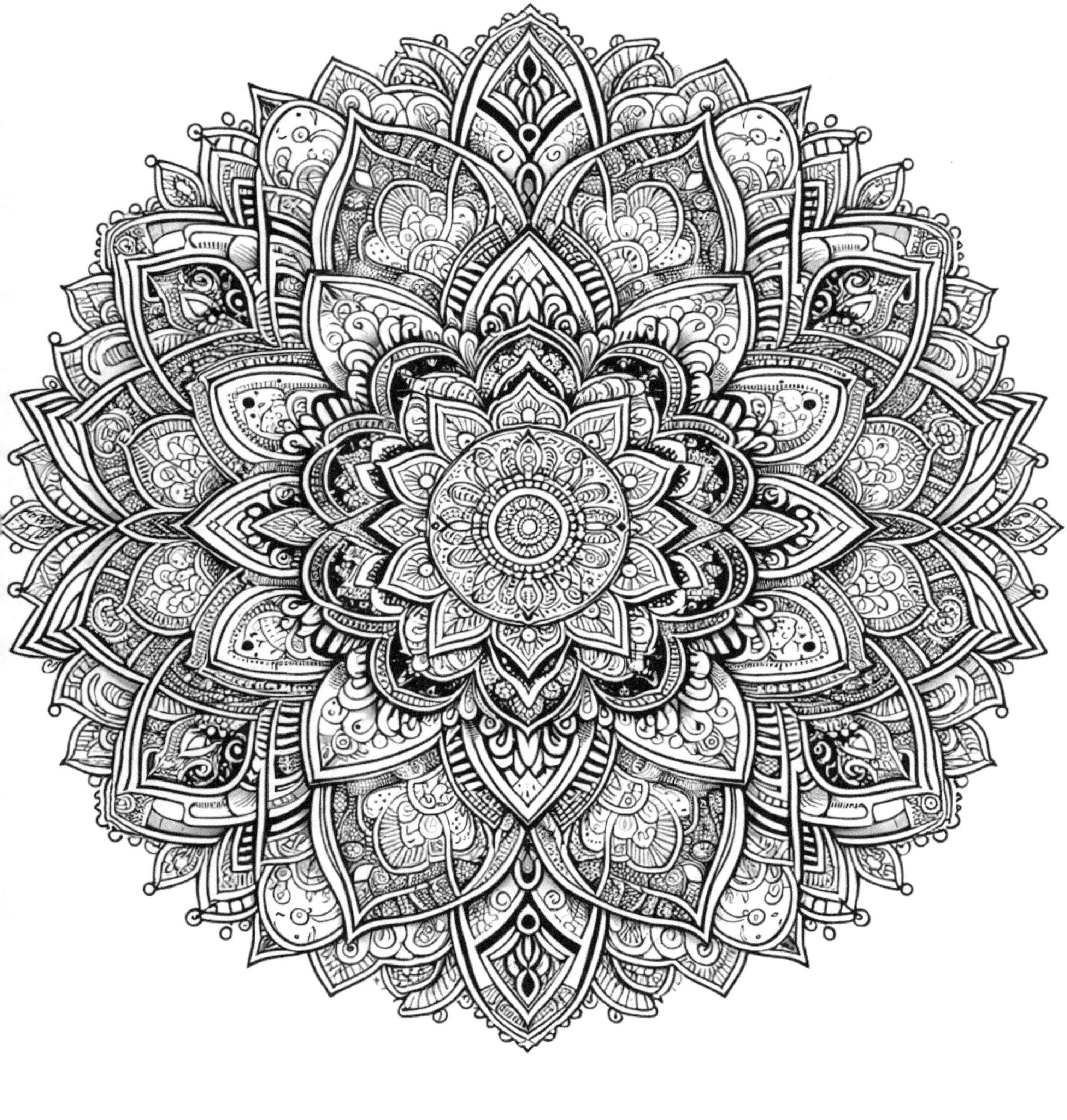

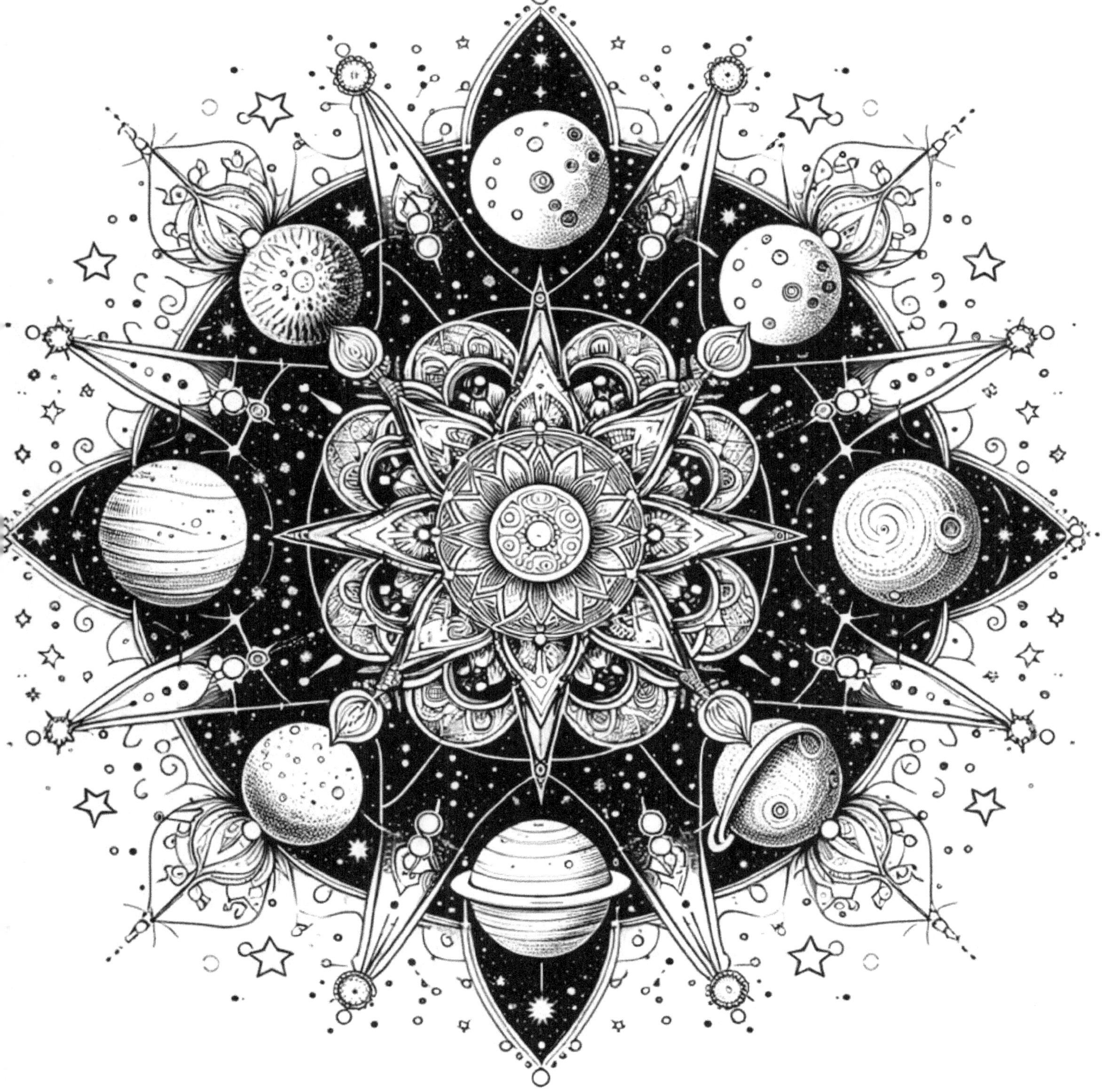

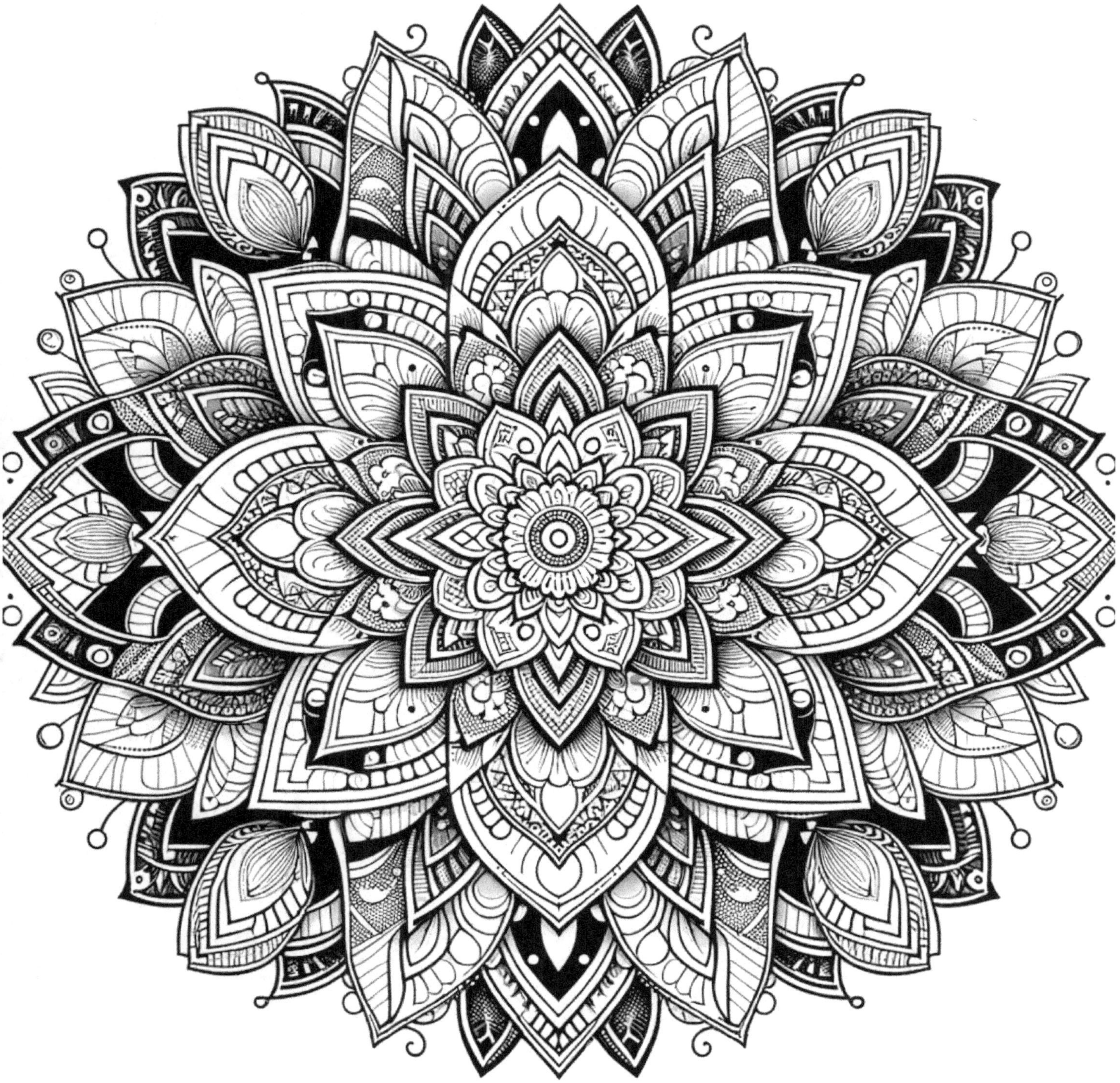

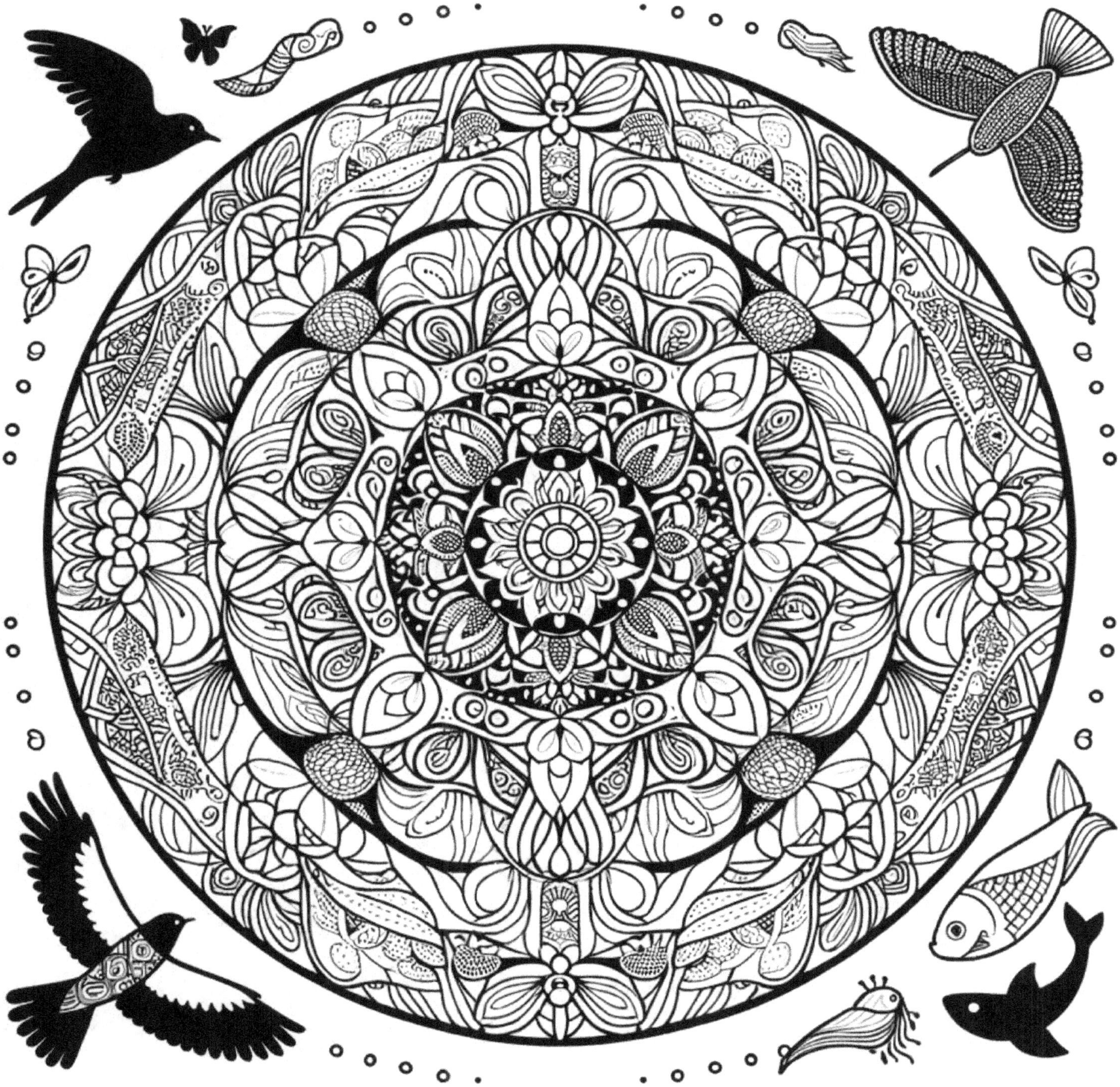

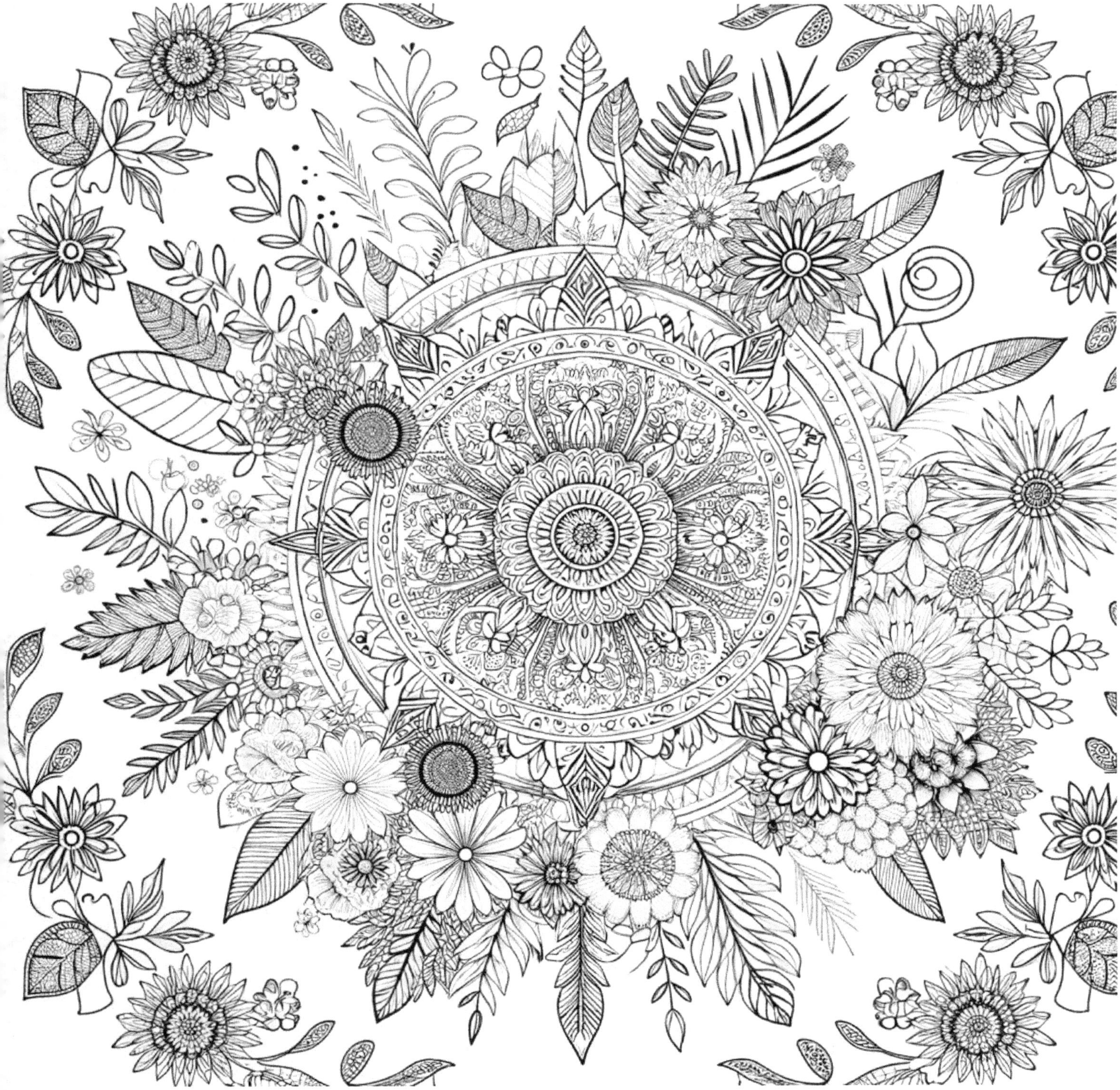

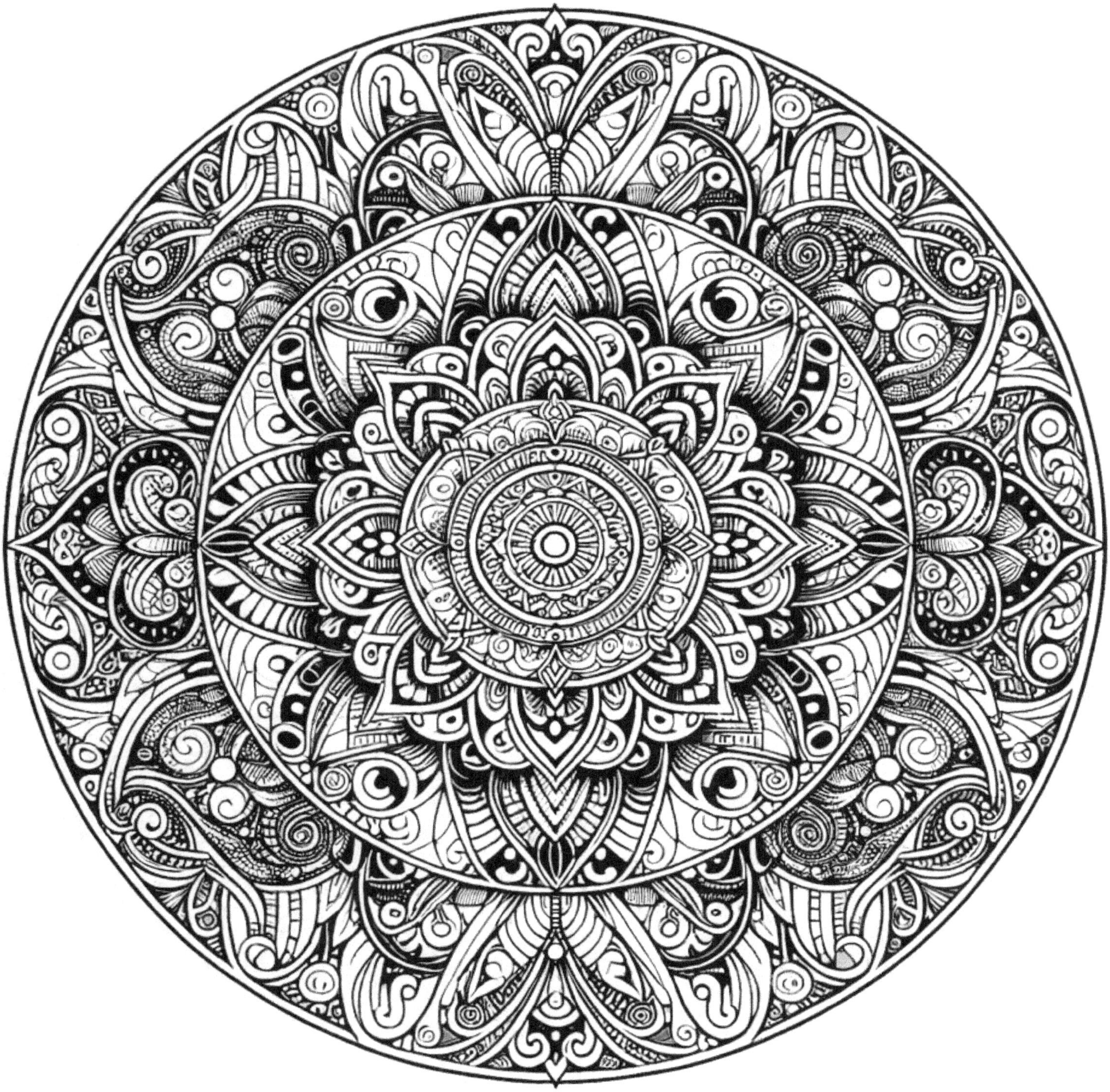

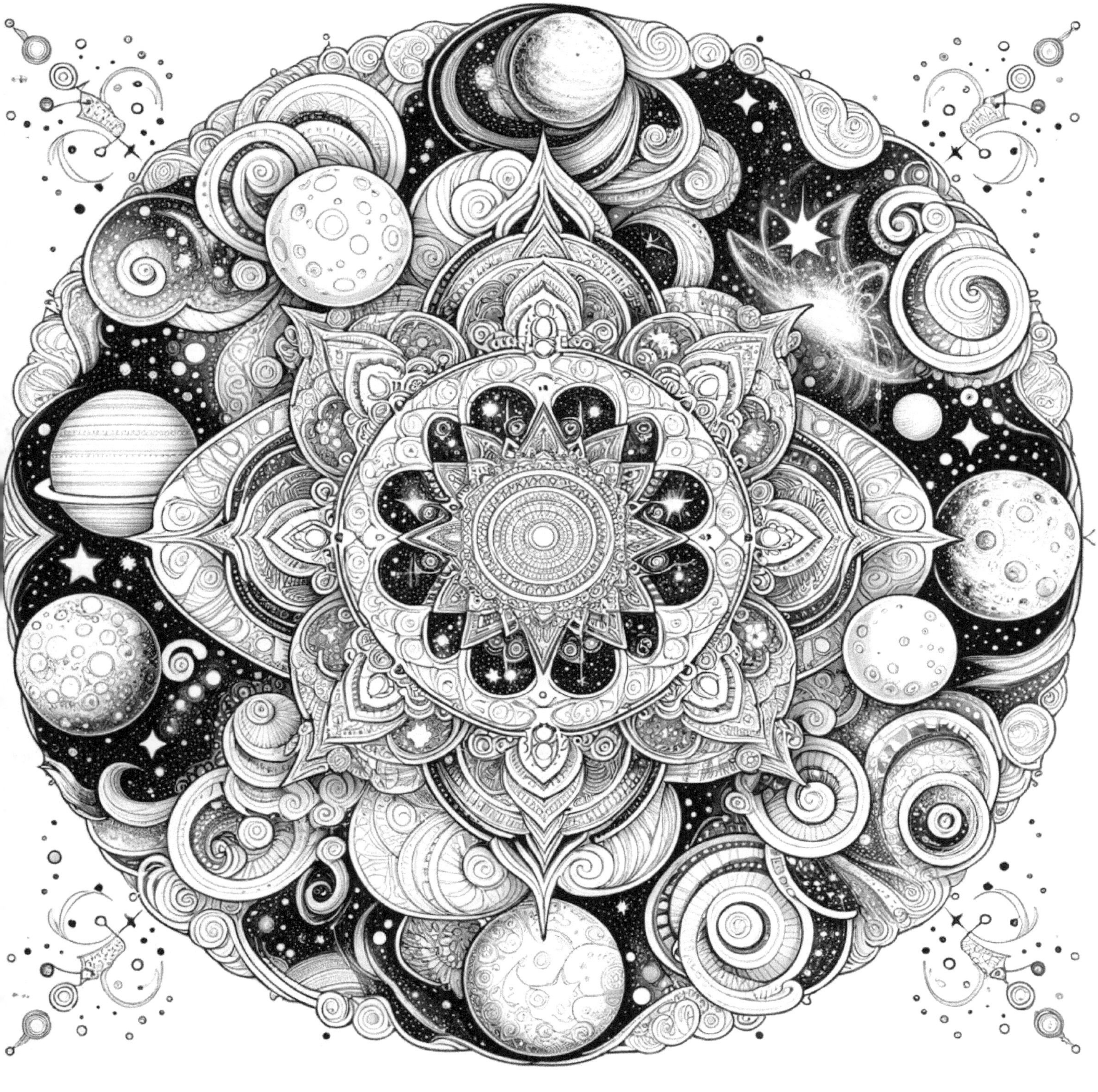

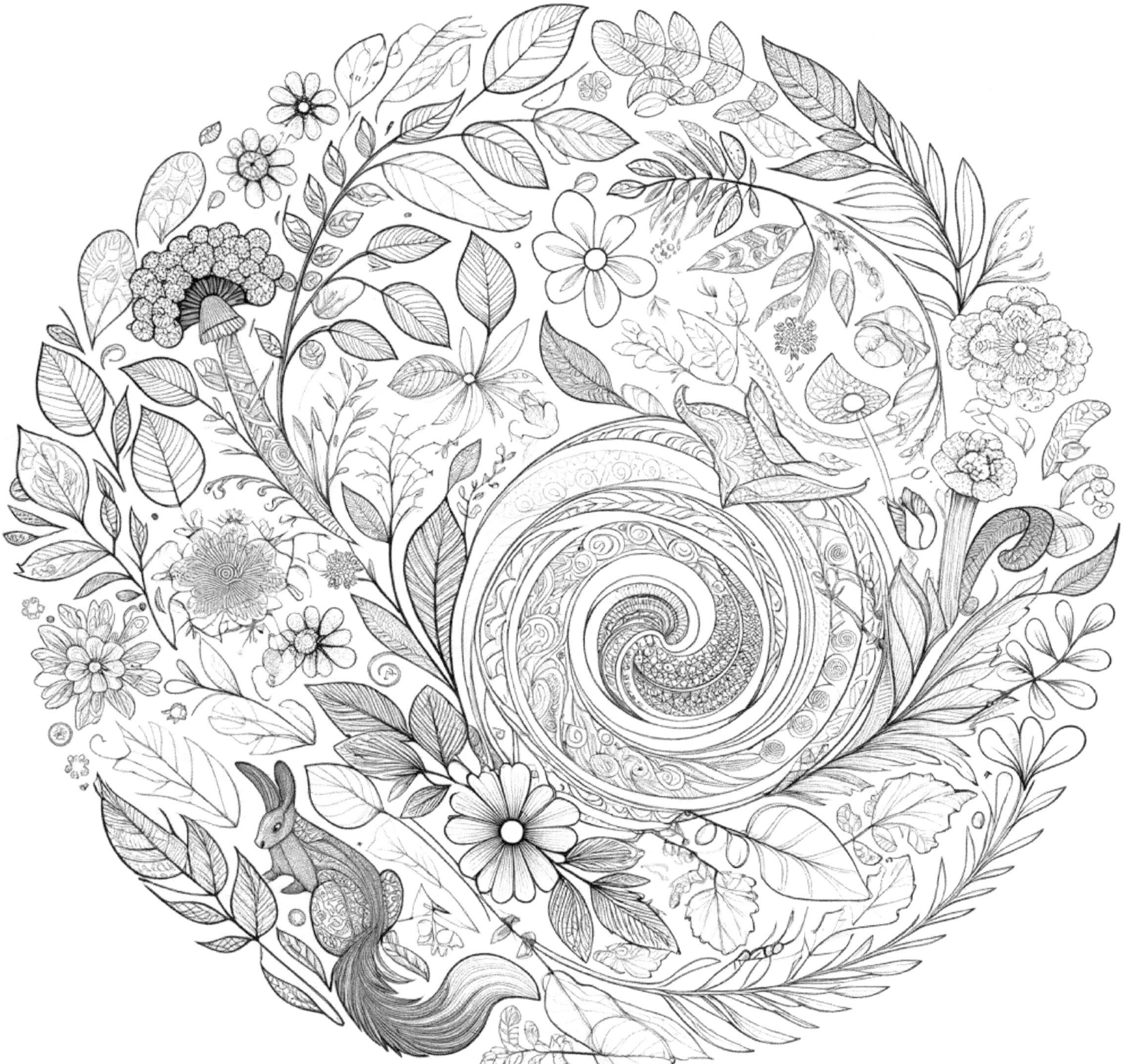

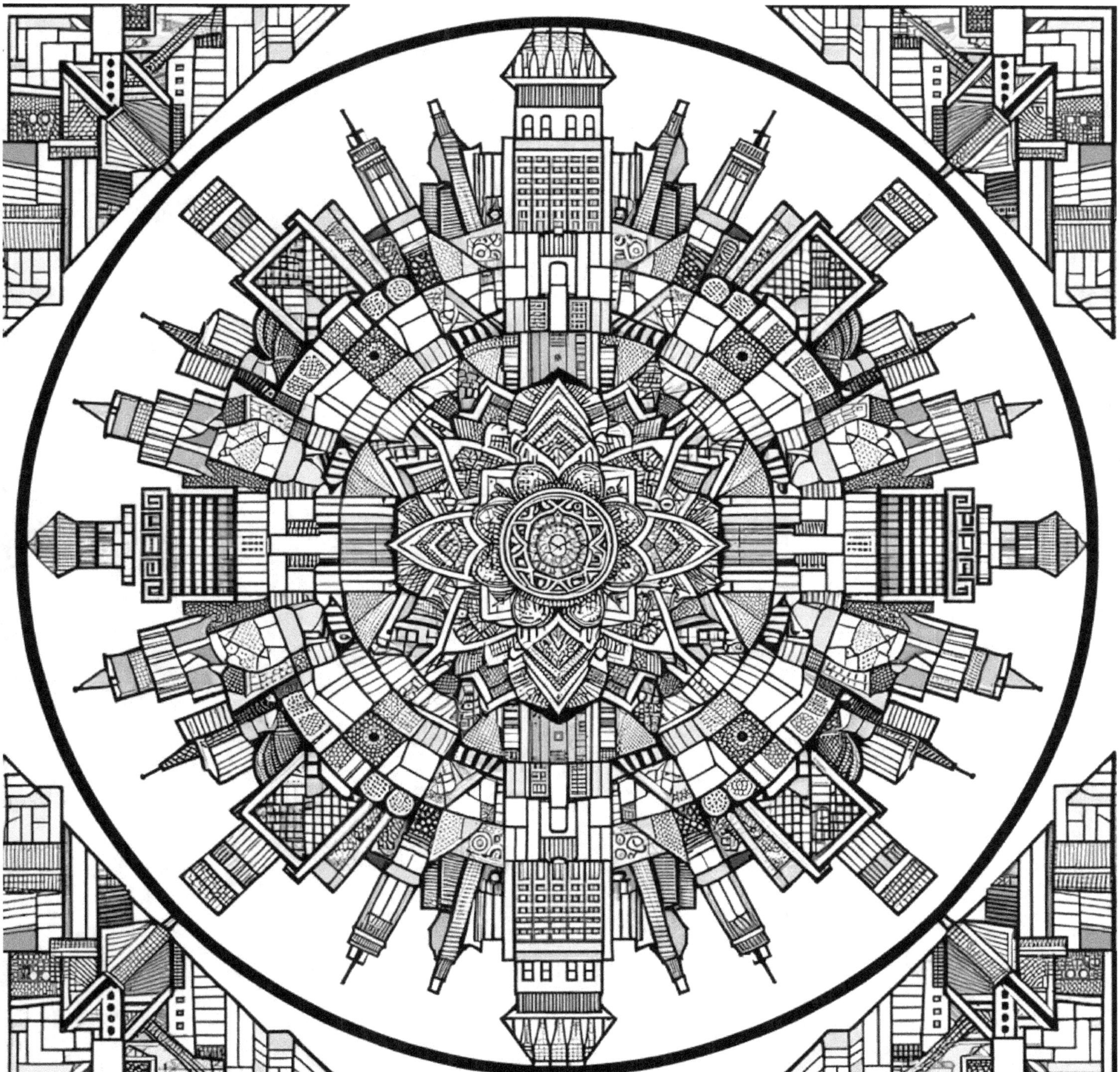

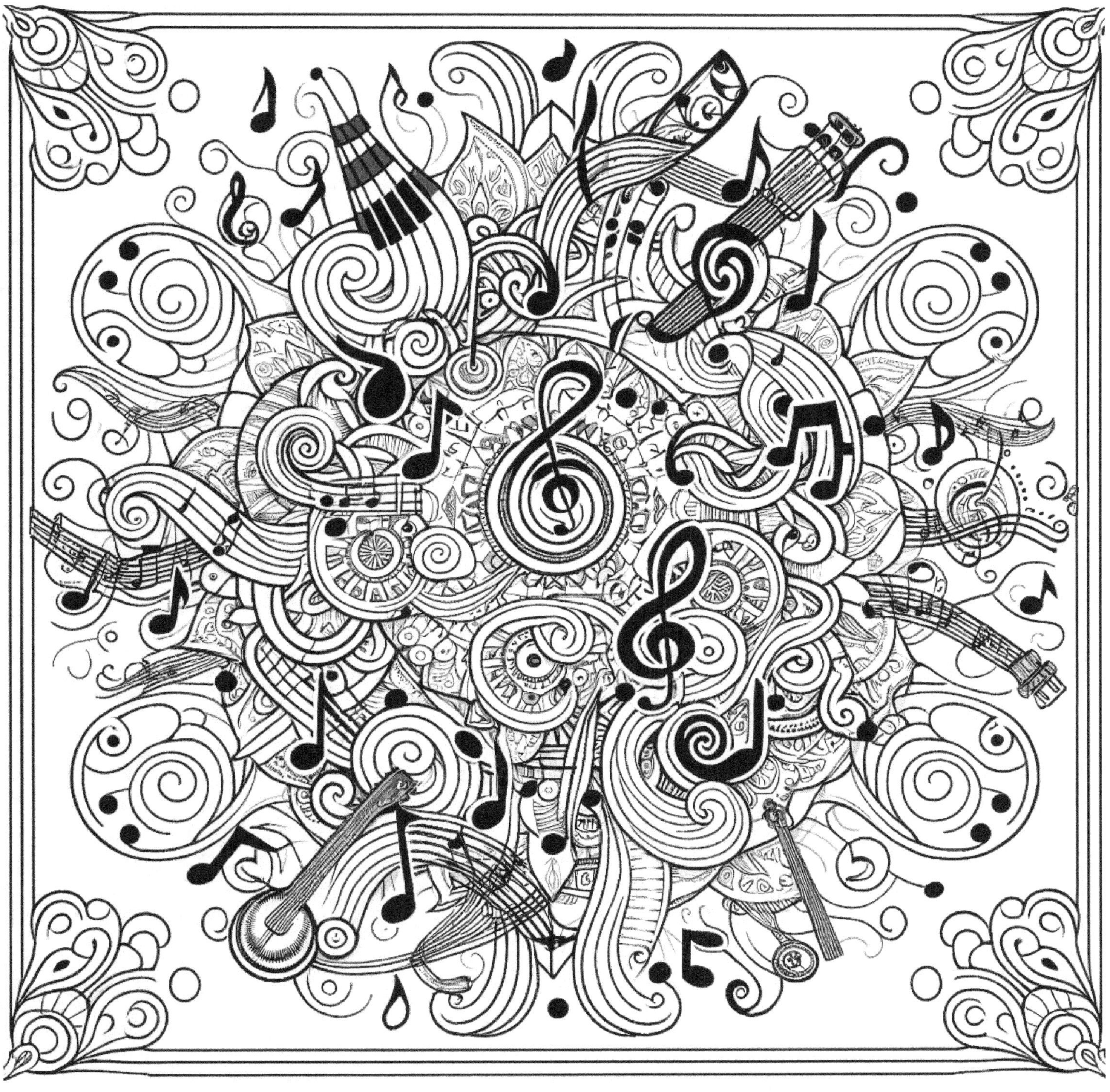

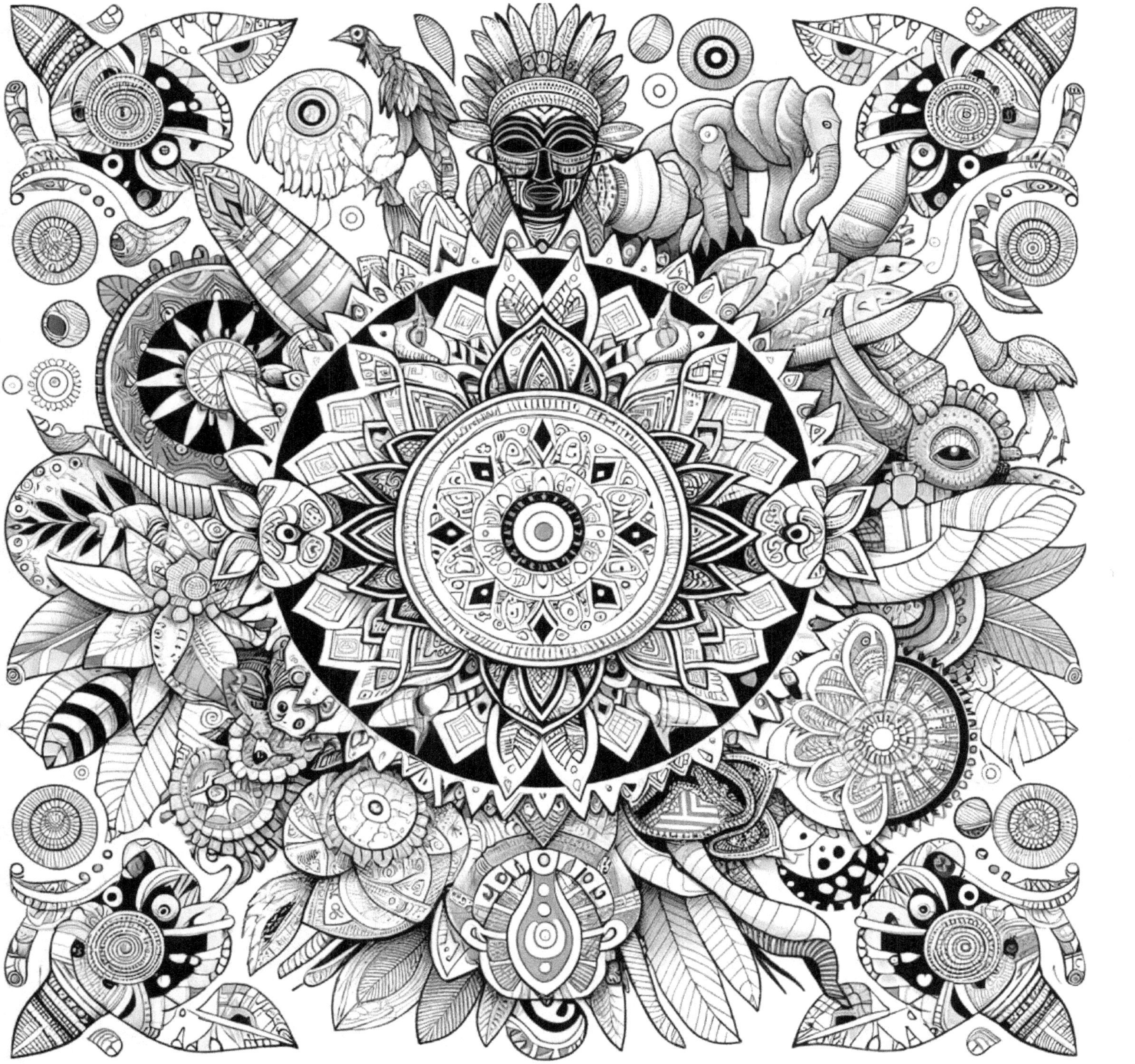

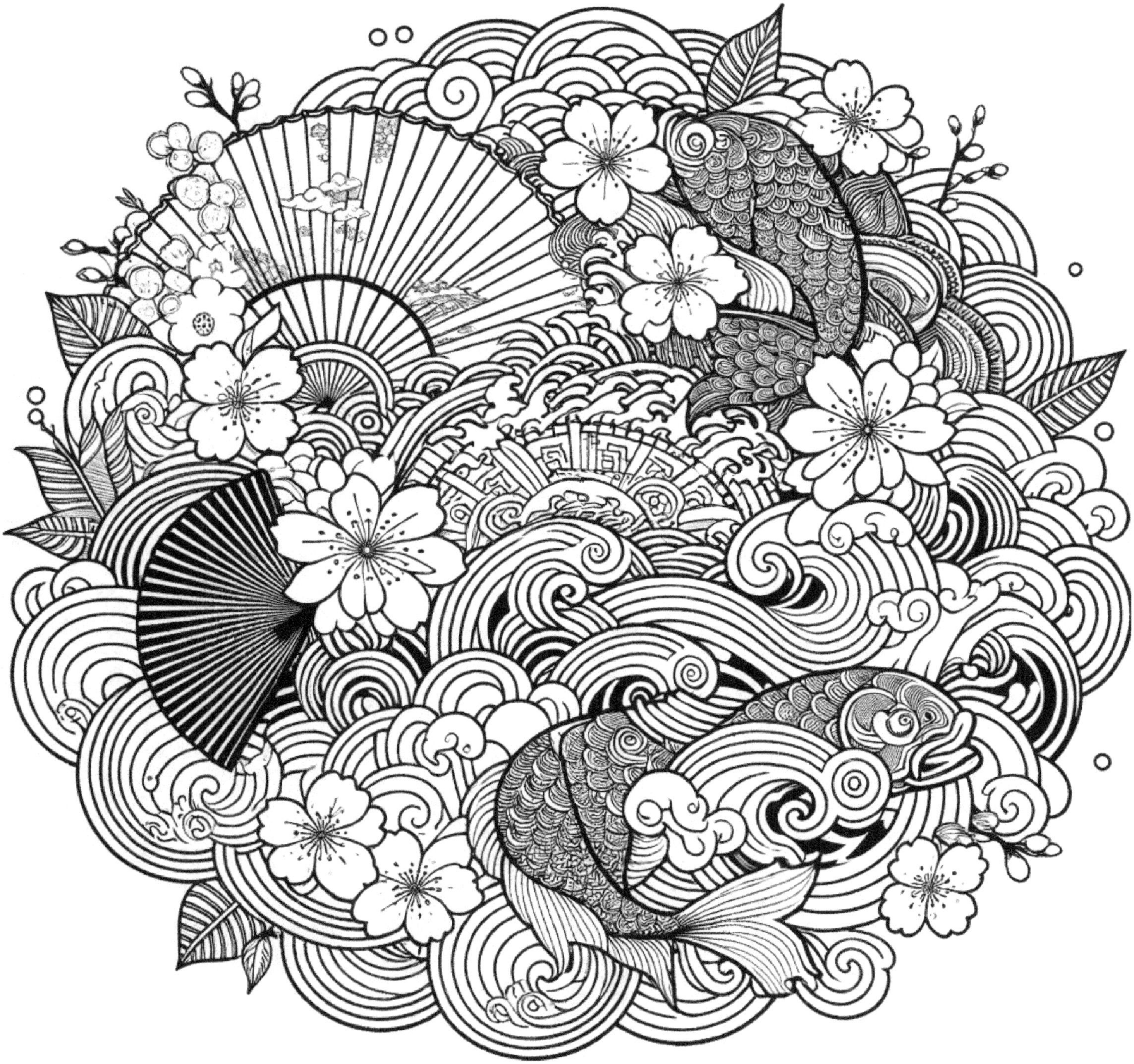

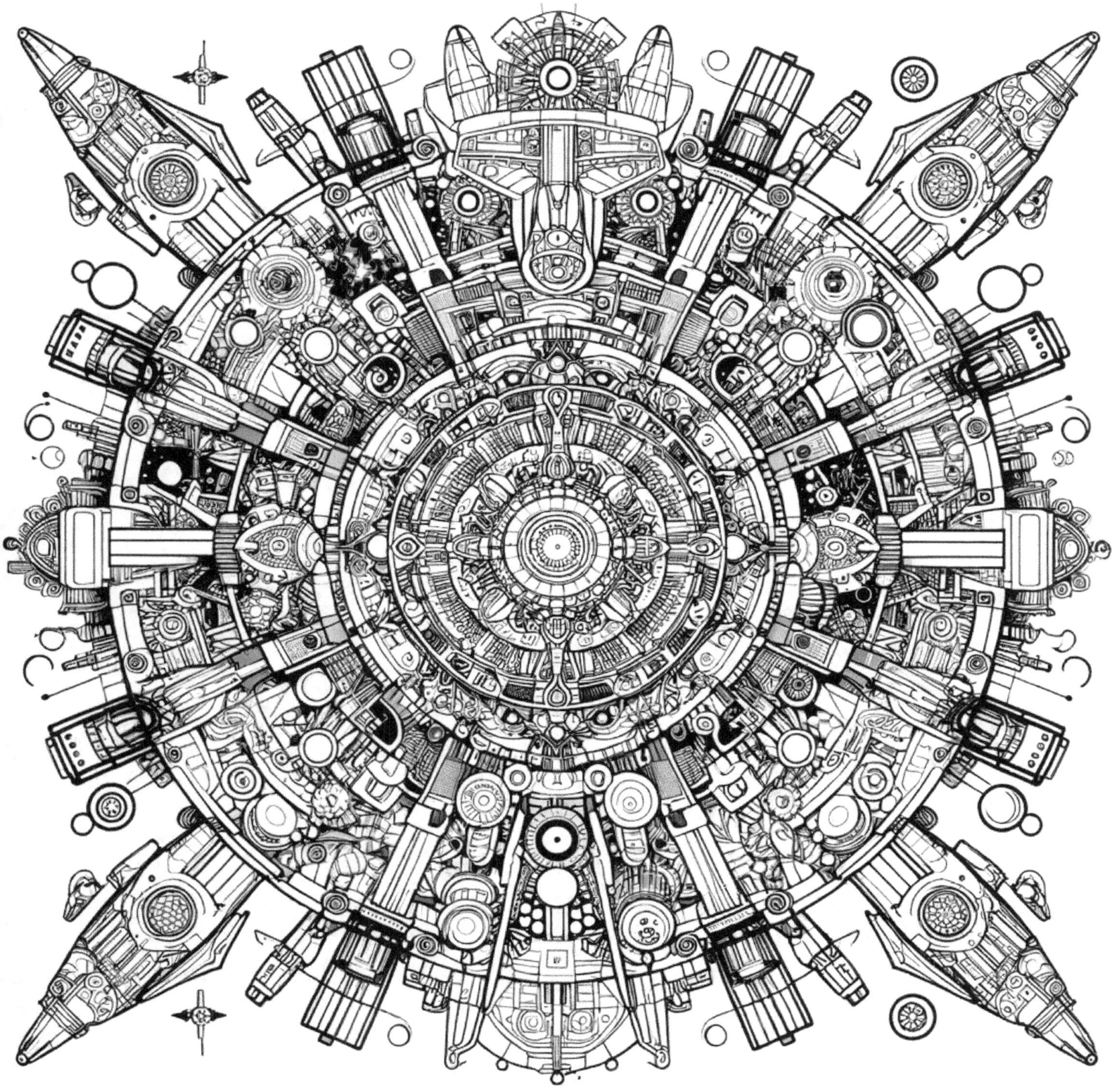

www.ingramcontent.com/pod-product-compliance
Lightning Source LLC
Chambersburg PA
CBHW082201290526
45794CB00008B/3373
* 9 7 9 8 8 7 2 2 3 2 4 5 2 *